경남시인선 218

그늘 속의 그늘

안웅 시집

시인의 말

많이 썼고
많이 버렸고
많이 남았습니다

산을 헤매고 다니다가
강기슭을 자주 오르내리며
돌팍에 앉아 나를 흘려보내고
갈밭 늪 속에 나를 숨깁니다

헛된 것 씻어내기 좋고
혼자 숨어 놀기 좋고
자신을 찾는 장소로 제격입니다

내버려 둘 수 없었던 것들
망설이다가 책 한 권 묶습니다
지인들과 나누어보고픈 마음으로

도서출판 경남의 오하룡 선생님
그리고 모든 직원분들의 노고에
감사드립니다.

2020년 1월
안웅

차례

시인의 말   2

제1부

그 언덕으로 가는 길	10
느티나무 열매	11
풀꾹새가 울더라	12
무논 둑에 앉아	14
고주박을 보며	16
길 위에서 길을 묻다	17
치자꽃	18
겨울 느티나무	19
땡깔	20
보릿대 모자를 쓰고	21
따라 걷기	22
공제선空際線	23
자화상	24
어느 가을날	25
고드름	26
저 소나무	27

그늘 속의 그늘	28
까치와 까마귀	29
방고래를 뚫으며	30
등받이 없는 나무의자	31
나팔꽃	32
떠나간 친구에게	33
붉은 목도리	34
낮 달	35
먼 별빛	36

제2부

배내기	38
야근 일지	39
수도꼭지를 틀다	40
맹물을 끓이다	41
둘림이	42
굴뚝	44
갑을관계	45
정군鄭君	46

슬레이트 지붕 오두막집 48

우두커니 50

절벽 52

틈 53

철망을 기어오르다 멈춘 채 말라가는
저 호박 넝쿨처럼 54

땔나무꾼 김 영감 56

밤차 57

빗물은 내 존재의 밑바닥을 밀어 올리고 58

선생님 전 상서 60

사노라면 62

황톳물 63

자맥질 64

푸른 작업복 65

황태 덕장 66

귀에 익은 소리 67

슬픈 희야 68

등나무 밑에서 겨울을 본다 70

1+1 71

제3부

마지막 연서 74

편지 한 장 받다 75

덩굴장미 터널을 지나며 76

벙어리장갑을 끼다 78

사랑, 참 쉽다 79

입동立冬 무렵 80

이팝나무꽃 길을 걸으며 81

지남철 82

어처구니없다 83

여보 84

잡동사니 시인들에게 무명 시인이 86

찔레꽃 87

노을을 등지다 88

최 노인 90

단추 91

낙엽 소묘 92

고갯길 93

눈물 94

달무리 지다	96
바람 따라	97
봄	98
트로이의 목마	99
쇠똥구리	100
허새비	101
비아냥거려본다	102
초롱꽃	103

제1부

그 언덕으로 가는 길

노을이 그 언덕을 떠밀며 섰고
산 그림자 깔리는 들머리 끼고 돌면
흰 등뼈처럼 길이 놓여 있다
가래톳으로 선 그 언덕의 멍울은
폐선 발동기 다 잠기도록 물이 들면
물길 한복판으로
꼬랑지 빨판처럼 불거져 나오고
방파제 성긴 구멍에 목사리 걸어 맨 사람들
뼈마디 불거진 무릎 세우고
그 길을 갑각류처럼 기어오른다
껍질이 단단하여 살아남은 자
동작이 둔탁하여 허기를 견디는 자
그 언덕은 온통
제각기 털어내는 소금 부스러기들로
숨이 죽고
꼬랑지로 들이켠 물 입으로 내뱉는
그 언덕의 변태는
흡사
잠긴 채 물 한 모금 머금지 못하는
폐선의 꿈같다.

느티나무 열매

겨울비에
느티나무 가지 가득
수정水晶 같은 열매 열렸습니다
군것 하나 없이
탈탈 비워내고 열리는 열매
진신사리처럼 영롱합니다
겨울비에 씻길 줄 알고
찬바람에 말릴 줄 알아야
볼 수 있는 열매
알갱이 소담스럽기 그지없습니다
눈으로 새기고
가슴 깊게 품을 수밖에 없는 열매를
거둘 수는 없습니다
가질 수도 없습니다
탐욕은 물입니다
그저
꼭 닮아가면서
허튼 세상
살아가고 싶을 따름입니다.

풀꾹새가 울더라

걔가 그랬듯이
내 기어이 이 고갯길
걸어 넘어보겠다고 몇 번을 별렀다
모롱이 돌아설 즈음
풀꾹새 풀꾹 - 풀꾹 슬피 울고
그 울음 잠긴 바다 온통 풀빛이더라
두어 척 뒤뚱거리며 묶여 있는 배
흔들리는 것이 아니라
홋줄 끊고 달아나고파 버둥대는 것이더라
저 갯가에 바짝 다가앉은 집
호형호제하며 자주 어울리며
세상을 얘기하고 시詩를 얘기하다가
먼저 세상 뜬 그의 형이 사는 집
소아마비 걸렸던 몸으로 그의 형은 잘 지낼까
낡은 고깃배 발동기 아직 콜록거릴까
녹슬고 삭은 채 철대문이 잠겼다
"지지난해 큰 병 들어 세상 떠났소"
이웃 할매 목소리도 엉그름이 갔다
제미! -
쾅쾅 잠긴 대문 걷어차고

헛헛하게 터지는 한숨 보듬고
뱃전에 기대어 풀빛 울음을 건져올린다
낮은 걔네 지붕 위에 널어 말린다
한 움큼 털어 넣고 질겅질겅 씹는다
마를 대로 마르고
쭈그러질 대로 쭈그러진
걔 이름 되뇌며 돌아서야만 한다
풀꾹 – 풀꾹 되뇌며 되넘어가야만 한다.

무논 둑에 앉아

해 다 저물고
더는 물러설 곳 없는 무논 둑에 앉아
논배미 빼곡히 들어찬 독새풀을 본다
뿌리째 떠올랐더냐
머리통 짓눌렸더냐
고만고만한 키 높이에 설레 젓는 맨 머리통이
흙탕 위에
어둑살 아래
욕지거리처럼 몰려 있다
건너편 외딴 사람의 집에
이 땅의 지어미가 피워내는 저녁연기
바짝 마른 채 솟구치지 못하고
이 땅의 지아비가 밝혀내는 저녁 불빛
앞선 어둠 뒤에서 사그라질듯 가물거릴 때
독새풀
이 질펀한 무논 배미에 돌아누워
스스로 잠들 수 없고
든 잠 스스로 깰 수 없는 밤들을
흙탕 깊게 담가 헹구며 뒤척여야 하리라
해 다 저물고

어둑살 속에서도 붉은 꽃들 피워내는
무논 둑에 앉아
폭이 아닌 깊이로만 어두워지는
담장 낮은 외딴집, 불빛, 그리고 저녁연기가
독새풀 물 게워내듯
나도 울컥 시詩를 게우며
외딴집의 어둠을 도둑질하고 있다

고주박을 보며

산골 외딴 친구 집에서
머리 허연 영감쟁이 둘이
고주박을 본다
나는 독수리를 닮았다 하고
친구는 두루미를 닮았다 한다
독수리면 어떻고
두루미면 어떠냐
솔이 동물의 형상으로 태어나고
먼 훗날 다시 무엇으로 태어날지
내세가 분명 있는 것이 맞고
그러기에
우린 참되게 살아가면 되지
저 푸른 소나무처럼.

길 위에서 길을 묻다

가파르게 뻗은 길 위에서
내 갈 길이 이 길이냐고 묻고 있다
결코 내치지 않는 동행
이 길 위에서 찾고 싶은 내가 있고
이 길 위에서 얻고 싶은 답이 있다
끌어주는 손길과 밀어주는 발길
이 길이 그 길이냐고
나는 묻고 있다
우리 앞에 놓인 세상의 길들은
한 치의 격차 없이
사람에서 시작하여 사람에 가닿는
더디고 힘겨워도 함께 가닿는
사람의 길이어야 한다는 것이
나의 믿음이다.

치자꽃

치자 꽃잎 뒤에 노을 깔고 앉아
도톰한 꽃잎에 길을 새긴다
세상의 한나절을 휘돌아온 나는
바삐 걷는 걸음발들 훔쳐보고 있다
오가는 저들의 길들이
치자꽃같이 희고 도톰할까
아무런 덧칠 없이도 매끄러울까
치장이 깔끔하면 몸짓 가볍고
내음이 은은하면 뒤태도 곱다
노랗게 물든
치자꽃 그늘에 혼쭐 앗긴 나는
세상의 길섶에 퍼질러 앉은 나는
홑청 간 새 이불에 지친 다리 파묻고
소박한 희망 한 타래 감아올린다
더도 덜도 아닌
희고 도톰하고 은은한 길 위에서
멀고 좁고 저무는 길 위에서
치자꽃에 눈빛 기댄 해거름 녘의 길손
내가 그인 꿈을 오늘 밤 꾸고 싶다
치자꽃 한 송이 꺾어 들고 가는 꿈을.

겨울 느티나무

그 짙던 그늘 싸그리 없고
엑스레이 사진 같은 그림자만 있다
겹것 털어낸 겨울 느티나무
숭숭 바람길만 내어놓았다
바람 불면 바람에 흔들리면 된다
눈비 오면 마르도록 기다리면 된다
비운 채 마음 다지고 다스리면서
더 깊게 뿌리만 내뻗치면 된다
겨울 절집 스님네 동안거冬安居 들듯
가지마다 숱한 물음표들 매달았다
묵언수행 중인 겨울 느티나무
바람살에 묻어온 세속의 번뇌
갈가리 찢어발겨 흩뿌려놓았다
하늘을 벽 삼아 면벽수행 중이다
꽉 거머쥔 물음표 깨우칠 때까지.

땡 깔

옆집 옥이는
땡깔을 잘 불었다
꽈르르 꽈르르
붉은 주머니 찢어 알을 꺼내고
알 속 피고름 짜내고
꽈르르 꽈르르
이빨 앙다물며 불어대던 옥이
땡깔처럼
앞가슴도 엉덩짝도
영글고 부풀어갔다
그때는
이빨 깨물며 바람 넣고 빼는 짓이
세상살이인 줄도 알지 못했다.

보릿대 모자를 쓰고

구포장에서
보릿대 모자 하나 샀다
따가운 볕살도 볕살이지만
그래, 바로 이것이다
더 높이 볼 하등의 이유 없고
적당한 눈높이로 바라보는 것
보편적 눈높이와 함께하는 것
정말 제격이고 멋진 일이다
넓고 둥근 챙이 그어주는 한계선 밑에서
나는
무척 시원하고 행복하다.

따라 걷기

노을 등지고
내 그림자 따라 걷는다
줄곧
따라가면 어둠 건너서고
아침 해를 맞을 것이다
해 뜨면
그림자 따라 돌아서야 한다
허방 짚을 일 없고
눈총받을 일 없는
동쪽에서 서쪽으로
서쪽에서 동쪽으로
횡으로만 움직이는
그림자 따라 걷기를
평행이라 믿으며
큰길이라 믿으며
한사코 따라 걷는다.

공제선 空際線

이상과 현실이 맞닿은 선
긋고 싶다고 그을 수 없는 선
지우고 싶다고 지울 수 없는 선
애초부터 그어져 있었던 선
그 선상에 닿으려
아등바등 기어오르는 선
막상 올라보면
나 역시 한 줄 선이 될 뿐인 선.

자화상

한 서린 가슴앓이에
굼뜨고 투박한 말투
저문 쪽으로 비스듬히 기울어진 눈빛
서서히 구부러지는 소리에 민감한 귀
눅진한 소낙비 내음에 벌렁거리는 코
느려빠진 걸음걸이
자주 몰아쉬는 한숨
후미진 귀퉁이에 우두커니 홀로 선
이것이
내 시詩 위에 떡하니 걸어놓고 싶은
자화상이다.

어느 가을날

온종일
색즉시공色卽是空 공즉시색空卽是色만
떠올리던 사내
불쑥 가을 속에 들어와 섰다
잎 떨군 느티나무 잔가지들
자모음으로 엮이어 한 편의 시詩가 되고
잎 비껴난 자리가 오롯한 행간이 되는
너무도 정갈하고 군더더기 없는 시다
떨어진 잎 하나 주워 살피는 사내
마른 살가죽으로 마른 핏줄 에워싼
빈 나뭇가지에서 마른 잎으로 이어진
인연 줄 쓰다듬으며 파르르 가슴을 떤다
핏줄 지닌 것은 모두 지는 것이고
지는 것 모두에는 인연 줄이 있었다
허공이었던 곳으로 내뻗친 잔가지들이
또 한 획의 잔가지들을 거침없이 밀어 올릴
빈 곳이 내어주는 인연의 자리는
가을 하늘처럼
넓고 높고 깊다.

고드름

벼랑 끝 고드름
그늘 깊을수록
굵고 길다
나아갈 길을 겨냥한 창끝
가파르고 움푹진 외길은
살을 에고 소름 돋는다
뿌리부터 녹는 고드름의 거드름
간과할 수 없다
통째로 꽂히면 창질이다
방울져 떨어지는 물방울
그걸 물기라고 목 축이는 발걸음
내가 걷는 골짝 길은
언제나 불안하고 목마르다.

저 소나무
―아들에게

니 애비가 그랬듯이
저 산 중턱 우뚝 솟은 소나무를 보려거든
밑둥치 먼저 샅샅이 훑어보거라
산다는 것이
마음 구석구석 상처받고, 흠집 나고
와중에 가지 달고 잎 다는 일이라서
아파하기 이전에 삭여낼 줄 알거라
저 소나무 사시장철 푸를 수 있는 것
상처에 마음 헹구고
흠집에 마음 널어 말리는
해진 누더기 틈새로 드는 햇살 같은 것이니라
햇살 얇을수록 더 바짝 다가서거라
그 햇살 받아 빛나는 눈망울을 가지거라
그 눈빛 내일을 보는 젊음이거라
휘고 쭈그러진 일상 저편에서
곧추서고파 들썩이는 그림자도 사랑하거라
저 솔숲 푸르름이 예사롭지 않을 때
저 솔숲 푸르름이 니 모습 닮았을 때
비로소
미치도록 너를 사랑하거라.

그늘 속의 그늘

놀이터 후미진 이팝나무 그늘 아래
바람 빠진 축구공 하나 엎드려 있다
한때는
꿈이 되어 솟구치고
보듬고 뒹굴던 땅바닥에
칠 할의 바람 빠져나가고
그늘 속의 그늘로 엎어진 축구공
밤하늘 하현달 같다
엎어놓은 내 빈 밥그릇 같다
아이들이 타고 달리는
자전거 바퀴 속의 탱탱한 바람을
견주어 바라보면서
나는 무례하게도
칠 할의 애착을 얻고
삼 할의 아픔을 떨쳐버린다
바람 빠진 축구공은
뻑뻑하고 검은 즙액을 가까스로 마시며
또 하루를 빼앗기듯 마감하려는 저물녘
이팝나무 가지 끄트머리는
아직껏 바람결에 흔들리고 있고.

까치와 까마귀

흰 점 하나 차이다
꺅꺅 소리엔 귀빈을 기다리고
깍깍 소리엔 침을 세 번 뱉는다
그 모든 것이
눈이 밝고 귀가 맑은
흰 점 하나 때문이다.

방고래를 뚫으며

군불을 넣어도 방이 춥다
청솔가지 한 아름 아궁이에 쑤셔넣고
불쏘시개에 불붙이고 부채질을 한다
생연기와 불길 몰아 고래를 뚫는다
고향집에 막힌 방고래는
이렇게 뚫으면 그만이지만
너에게로 통하는 고래 구멍은
그냥 막막하다.

등받이 없는 나무의자

공원 양지바른 귀퉁이에
등받이 없는 나무의자 있다
이쪽에서든 저쪽에서든
걸터앉으면 된다
지친 몸 지친 마음이라면
곱다시 자리 내어준다
상처투성이로 버터내면서
빨간약처럼 페인트 덧칠된 의자
밤새껏 어둠 헤집고 내린 눈발에게
선뜻 자리 내주었다
잦던 인기척 끊어지고
하얀 붕대 두른 듯 눈발에 묻힌 의자
나는
무턱대고 걸터앉던 나의 뻔뻔함과
으레 내 자리인 양 깔고 앉던 방자함을
눈밭에 발 파묻고 벌 받듯 떨면서
남몰래 훔쳐내는 너의 눈물을 보면서
한 번도 누군가에게
등받이 없는 의자가 되어준 적 없는
나의 이 버르장머리를 고치고자 하고 있다.

나팔꽃

왜 나팔 모양이냐고?
나더러 왜냐고
마뜩잖은 세상 한복판으로
외친다고 믿으면 된다
그 외침이
벌겋게 열받았다고 믿으면 된다
비쩍 마른 몸뚱어리 아무 데나 기대고
칭칭 동여매면서
어렵사리 사노라면.

떠나간 친구에게

유달리 검은 고향 흙빛을 닮고
버들가지 흔들던 바람결을 닮았던
너를 볼 적마다
지금껏 내가 쓴 시詩보다 더 시를 닮았더라
갈 길이 험하다고 일찍 나설 일은 아니다
돌아올 수 없는 길이라고 서두를 일도 아니다
그저 우리 왔던 길로 다시 돌아가는 길
해돋이처럼 왔다가 해넘이처럼 가면 되지
한밤중에 서둘러 나설 일은 아니다
서툴고 볼품없는 무지렁이 시인에게
들앉아 끄적거려볼 시간은 주고 가야지
쓰다가 물 닳은 볼펜 갈아 줄 틈은 줘야지
바삐 갔으니 빨리 잊히거라
이 무정한 친구야.

붉은 목도리

예쁘다

앞서 걷는 여인의 붉은 목도리가

내가 그녀에게 선물을 한다면

저런 목도리를 해주고 싶다

저처럼 화사하게 살아가라고

저처럼 뜨겁게 살아가라고

세찬 불꽃처럼

찬바람 앞에서는 드세게 맞서라고.

낮 달

유월 한낮에
하늘 맑고 햇살 따갑다
작은 마을 정자 아래
지팡이 앞 받치고
노인네 한 분 걸터앉아 쉰다
얼굴에 거뭇거뭇 검버섯 핀
낮달 속 문양과 꼭 닮았다
그늘진 옆댕이로 밀려난 노인네
굽은 허리로 낮달을 떠받친다
저 노인네 잠들 즈음
달이 눈 뜨고
노인네 잠 깰 즈음
눈 감을 것이다
서로를 애달피 지켜준다는 것
허망스레 마주 바라본다는 것
한 몸같이
곱다시 참 잘 어울린다.

먼 별빛

아득한 저 별빛을
바라볼 수는 있어도
다가갈 수는 없지
다가갈 수는 없어도
물어볼 수는 있지
물어볼 수는 있어도
들을 수는 없지
들을 수는 없어도
느낄 수는 있지
까마득히 멀어져버린
내가 꿈꾸던 세상을.

제2부

배내기

꼴짐 져다 여물 끓여 먹이고
애지중지 배내기 얻어 키운 소가
새끼를 낳으면 주인과 나눈다
첫 새끼는 주인 주고
다음번은 내가 갖고
죽자꾸나 등골 빠지는 놈 있었고
손 안 대고 코 푸는 놈 있었다
그냥 알기 쉬운 말로
사용자와 노동자다.

야근 일지
―돌을 씹다

식탁 한쪽에
내 오랜 친구가 보내준 시집 한 권 펼쳐놓고
밥 한 공기, 김치 네댓 쪽
늦은 아침밥을 먹는다
밥 한술 김치 한 쪽
그리고 잘게 씹히는 그대 시 한 구절
그래도 나는 쓰네 손가락 구부려
떠나는 노래들을 부르고 불러 모아
저무는 가내공업 같은 내 영혼의 한줄 시*
쓰리고 주린 창자와 늦은 아침 퇴근길 사이를
가까스로 이어내는
돌 섞인 한술 밥이여!
그대 돌처럼 여문 시여!
씹힌 돌 우물우물 삼켜버린 아침이여!
밥 한술, 김치 한쪽, 돌 한 조각, 시詩 한 편으로
주린 배 채운 나 이제
그대 시집 베고 누워 서럽잖은 낮잠 들겠거늘
어둠
그 밑바닥에 울음처럼 잠긴
꿈 한 줄 또박또박 읽어내겠거늘

*이달균 시인의 〈저무는 가내공업 같은 내 영혼의 한줄 시〉 전문.

수도꼭지를 틀다

비틀면 지체 없이 쏟아져야 한다는 것이
되틀면 여지없이 멈춰야 한다는 것이
노동판의 구김살 없는 물길일지도 모르지
높은 데서 낮은 데로 흐르는 것 말고
흐르다가 고이고 다시 넘쳐흐르는 것 말고
녹슨 배관 따라 떠밀릴 일일지도 모르지
배관 따라 밀리다가
길들여지다가
결국 둥글게 흐를 물의 정형화定型化
그것이 살아가는 물길일지도 모르지
배관을 벗어난 물은 벌물이고 겉물인데
내 몸 온통 배관 다발 칭칭 감고 살면서
벌물로 졸졸 흐르고
겉물로 찰랑거리고픈
시도 때도 없는 이 무한의 갈증은
비틀면 비틀린 채로
깊고, 좁고, 어둡고, 답답한데
배관 다발 속으로의 집요한 물 붓기로
둥둥 떠서
나 오늘 여기 밀려와
다시 수도꼭지를 튼다
소낙비 휘몰아치는 창가에 서서.

맹물을 끓이다

리어카 포장 틈새로 진눈깨비 몰아칠 즈음
물이 끓었다
타는 불길 위에서의 들끓는 삶
밥술을 담보로 내몰린 작업장처럼
펄펄 끓는 맹물의 울분을
손 푹 집어 담가 만져보고픈 나에게
비등점의 의미를 진눈깨비는 묻는다
대답 잃은 입속 가득 술이 고이고
칠 할이 물이라는 몸 뒤척일 적마다
줄줄 물이 샌다
얼지도 끓지도 못한 미지근한 물의 누수
몸도 물기 빠지고 나면 포장처럼 펄럭일까
끓는 물 쪽으로 시린 뼈끝이 쏠린다
맹물 끓어 끓어
저 양은솥 밑바닥처럼 달궈지고 나면
달달 볶인 소금밭 되겠구나
말라 비틀린 울음만 남겠구나
포장 펄럭이며 진눈깨비 몰아쳐 와
젖은 사람의 자리 꽁꽁 얼리는 밤
술잔 밑바닥에 가라앉아 얼비치는
작업복 비틀어 짠 구정물 속에
낯익은 사내 하나 주저앉아 운다.

둘림이

어릴 적 내 친구 둘림이가
반백 머리 불그죽죽 물들인 둘림이가
마을회관 마루에 앉아 화투를 친다
모진 세상 뺨치듯 후려치는 손때가 맵다
불쑥불쑥 내뱉는 쌍소리 창끝 같다
염색공장 일 나가며 늦깎이 야간학교 다닌
양 갈래 묶음머리가 참새 같았는데
타관객지에 부나비처럼 떠돌다가
쭈그러진 그림자 한 장 돌돌 말아 들고
한 소쿠리 남짓한 병든 몸뚱이 챙겨 담고
친정집 오라비 품으로 어둑살처럼 돌아와
뒷산자락 너덜겅 묵정밭 고랑에 앉아
모진 세상 머리채 뜯듯 바랭이 풀 뜯더니만
삿대도 돛대도 없이 낮달로 떴더니만
피 먹고 피를 쌌다며 마룻바닥을 친다
아서라 친구야
피 먹고 피 싸는 일이 그리도 새삼스러우냐
피 칠갑 된 세월이 그리도 무거우냐
모진 세상 온갖 것 다 팽개치고
아픔만 고스란히 떠안고 온 너를 두고

실낱같은 가을비 속에서
아파서는 안 될 아픔을 생각해본다
시詩가 되어선 안 될 시도 생각해본다
지금 너는
저 가을비 끝자락의 박살난 세월들을
멈췄다 보내고 다시 보내고 멈추면서
한 장 한 장 꺼풀 꺼풀
빛바랜 감잎 지듯 화투장 내팽개치며
휜 채 마른 삭정이로 버텨내고 있는데.

굴 뚝

연기가 빠져나가는 길이다
기름이 탄 연기가 빠져나가든
울음이 탄 연기가 빠져나가든
저 공장 높은 굴뚝
분명 연기가 빠져나가는 길이 맞다
부딪치는 곳엔 불꽃이 튀고
불꽃 이는 곳엔 모든 것이 탄다
타는 것은 뜨겁고 아프다
연기의 길 위에
이마 동여매고 앉은 사람 있다
많이 지치고 그을린 사람 있다
눈시울 뜨겁다.

갑을관계

아주 쉽게 말하자면
셋방살이 해본 사람은 다 안다
법적으로 효력이 있고
사회적으로 인정되는
전월세 계약서엔
꼭
갑과 을이 등장한다
집주인은 갑
세입자는 을.

정 군鄭君

정 군은 쉰일곱 노총각이다
고향은 전라도 장수이고
위암 환자이다
쇄골 옆에 아직 항암치료 파이프 박혔고
무료급식소에서 점심을 해결한다
동사무소에서 기초생활비를 받고
생활비가 나오면 아무도 모르게
양말 속 발바닥에 깔아 숨긴다
암 걸리기 전까지는
신발공장에 다녔고
그에게 밥 몇 번 사준 적 있고
나는 그를 "정 군아"라고 부르고
그는 나를 "형님"이라 부른다
이것이 그를 아는 나의 전부다
"형님! 형님!" 부르는 소리에
돌아보니 정 군이다
300원짜리 자판기 커피 한 잔 들고 와
"마시세요 형님!"
갓 뽑은 자판기 커피는 뜨겁다
너를 보는 나의 눈빛도 늘 뜨겁다

받아든 종이컵이 달달 떨린다
털썩 돌팍 위에 걸치고 앉아
"날씨가 쌀쌀하네요"
내뿜는 담배 연기가 잎들을 말린다
내 앞의 너의 몸도 잎들처럼 마른다
담배필터 깨물어 씹는
가을 옆구리로 피 줄줄 샌다
나이 들면 고향을 찾기 마련인데
정 군은 그럴 생각 전혀 없단다
고향이든 타향이든
세상살이가
암 덩어리보다 훨씬 무겁더란다.

슬레이트 지붕 오두막집

하산길
미술관 뜰 앞에 선 조각품의 매끄러움에
눈꺼풀 침침하게 처져 내릴 즈음
비탈 치켜 부는 바닷바람 잦아진 곳에
산 죽지에 등때기 기댄 오두막집 있다
폐지 한 아름 옮겨드리고
할머니께 정감 어린 찬물 한 사발 얻어마셨다
깊은 아래쪽 융단처럼 깔린
저 검푸른 바닷속에 눈길 박아놓고
지는 해 꼬리 잡고 매달린 듯 들솟은 집
기우뚱 폐지 더미로 울을 치고
물음표처럼 휜 허리로 어두운 문짝 미시는
명실상부名實相符한 사람의 집에
삼십 촉 불빛 구겨진 백열등 켜시고
찌들고 구겨질수록 곱게 펼 이유 있다는 듯
시답잖고 하찮을수록 보듬고 갈 이유 있다는 듯
폐지 조각 다듬어 펴시어 켜켜이 쟁이시는
할머니
인생의 무게 중심은 삶의 한복판에 있고
삶의 균형미는

채우려는 욕망과
차지 않는 현실 사이에 존재하는 것이라고
그 처진 눈꺼풀로 말씀하시려 합니까
검버섯 핀 손놀림으로 말씀하시려 합니까
빛 좋은 시詩만 있고
소가지 얇아
시인이라 말해본 적 없는 무지렁이 사내 하나
할머니 모습 속에서
종이 냄새 물씬한 옛날 책 한 권 펼쳐 들고
책갈피 넘기는 법을 찾고 있습니다
글자에 눈 맞추는 법을 묻고 있습니다
어둠 속에서도
미술관 뜰 조각품 곧게 섰습니다.

우두커니

벌써 몇 번째
오래전 보내 준 그녀의 시집을 읽었다
먼 산꼭대기에
이빨 촘촘한 겨울 마주 섰고
송곳니 불거진 가을
뒤통수 보일락 말락 하다
숲이었던 은행나무 자리 전기톱 소리 멈추고
바짝 잘린 밑둥치에 수액 찐득하다
뻘쭘하게 허공중으로 새 다리 하나 놓인다
이웃하던 은행나무 우듬지의 까치집
반쯤 허물어진 채 까치 오지 않는다
나는 우두커니
그녀 시詩 그림자만 지르밟고 섰다
그녀가 이 꼴을 보면 어떤 시를 썼을까
그녀의 시는 무겁고 간결하다
아마도 "제기랄" 한마디만 쓰지 않았을까

나는 우두커니 서서
사람 몰아낸 자리 도로 공사판을 보고
벽이었던 까치집 부스러기들을 보고

바짝 잘린 은행나무 그루터기에
그냥 디립다 덮어버리는 콘크리트를 본다
둥치 동강동강 화물차에 실려 갔고
확 - 밑동 파묻어버린 가을 생매장이다
저곳에 길을 낸들 얼마나 유용할까
저 공사에 내 돈은 얼마나 들어갔을까
이 땅에 사는 대가로
세금 내는 사람의 괜한 생각일까
우두커니
노란 경계선 두르는 손놀림을 보고
경계선 테두리 밖은
미친 듯 바람 불고 잎들 지고
위험을 느끼며, 상실감에 떨며
나는 그냥 우두커니 바라만 보고
나는 그냥 우두커니 어둠에 에둘리고.

절 벽

하도 산을 좋아해
산신령이라 불리는 그 사내도
벼랑 끝에서 뛰어내릴 수 없어
기어오른단다

세상길
곳곳이 벼랑이라
뛰어내릴 수 없어
기어오르는 것이
세상살이 맞다.

틈

창밖에는 비 오고
돈도, 권력도 실력이라는 명언이
확정적이라 믿는 날
그래도 틈을 메꿔보리라고
늙은 부부 밀가루 반죽을 뜯고
불멸의 틈을 확신하면서도
반죽 뜯어 풀떼죽을 끓이고
못난 부모로서의 자괴감을 느끼며
그래도 행여나
밀가루 반죽을 뜯고
비로소
그 어린것들의 생각이 아닌
부모의 엄격한 가르침임을 알고도
두 늙은이 겨를 없이
밀가루 반죽을 뜯고.

철망을 기어오르다 멈춘 채 말라가는
저 호박 넝쿨처럼

밤 꼬박 뜬눈으로 일해보면 압니다
체머리 흔들면서도, 눈알 부라리면서도
더 깊게 어둠 속으로 파고드는 것만이
살아남을 수 있는 오직 한길입니다
더 멀면 지워져버릴
저 하늘 별빛으로 다가서는 길입니다
찌그러진 폐유 드럼통 밑바닥에
얼비치는 모습 하나를 현실이라 규정짓고
누구는 살아 있는 희망이라 부르고
누구는 삭고 있는 절망이라 부릅니다만
나는 기필코
번질번질 개기름 흐르는 놈들의 낯짝이지
우리네 모습은 아니리라 믿습니다
톱니바퀴가 또 다른 톱니바퀴를 물고
자지러지는 소리가 우리 목소리입니다
삼백육십 도에서 작업등 쏘아대는
야간작업 현장엔 그림자도 없습니다
그림자 없는 사람들의 노동뿐입니다
왜
졸음이 곧 죽음이 되는 절체절명 絕體絕命 앞에서도

우리는
꾸벅 졸고 비틀거리며 동트기만을 기다립니다
칡뿌리 캐듯 어둠 까발리며 빛을 찾습니다
물집 터진 손바닥 찢긴 발바닥에서
흘러내린 핏물도
색깔 달리해 금세 땀방울이 됩니다
기어이 건너서야 할 우리들의 밤은
죽자꾸나 두더지처럼 파고드는 길뿐
얇디얇은 햇살 한 줄기 거머쥐기 위해
그 햇살에 땀줄기 한번 말려보기 위해
까마득히 먼 하늘 별빛만 보고 갑니다
멀어도 멀어도 너무 멉니다
질식할 것 같습니다
외등 불빛 아래 너절하게 내걸린
저 - 철망을 기어오르다 멈춘 채 말라가는
호박 넝쿨처럼.

땔나무꾼 김 영감

친구 김 영감은
첩첩 산골에 혼자 산다
썩둥구리 한 짐 내려놓고
몸뚱이 성할 때까지는
불 지펴 군불 때고 살겠단다
자식들 성화 마다하고
가스 기름보일러 마다하고
거추장스러운 짐이 될까
노심초사하는 맘 잘 알지
떳떳이 남겨준 것 없는 우리네 살림
자식들 보기도 부끄러운 것 잘 알지
썩둥구리 불붙으면 마디다 하지만
가난이 불에 타고 맘고생이 타겠나
앞산 위에 구름 몰리고 비라도 내리면
혼자서 그 빗물 어찌 감당할래
새벽닭 홰치며 울어 젖히면
혼자서 그 새벽 어찌 보낼래
또
첫새벽부터 김치 쪽 놓고 소주 마시지 말고
몸 잘 보살피며 잘 지내라 친구야.

밤 차

만남과 헤어짐 따위가
뭐 그리도 대단하냐는 듯이
기적도 없이 밤차가 떠난다
무덤덤히 오가면서도
딱 맞아떨어지는 시간
가식적이다
역을 빠져나오는 어둠 속 발걸음
바삭거린다
뭔가가 밟혀 바스러지는 소리다
세파의 아픔 어두운 검불이 되었고
검불을 바스러뜨리며 걷는 발걸음
내딛는 발걸음이나
밟히는 아픔이나
검고 바짝 마른 것은 마찬가지다
쇠붙이와 쇠붙이가 만나는 장면이나
사람이 사람을 스치는 장면이나
우리네 살아가는 마디마디가
참 무미건조하다
기적도 없이 밤에 떠난 열차처럼.

빗물은 내 존재의 밑바닥을 밀어 올리고

봄비 나붓이 내리는 오후
내 기어이 너에게
들어 새겨둘 말 한마디 있어
물어 가고픈 길 하나 있어
우산 팽개치고 젖으며 걷는다
매끄럽고 깨끗한 곳, 혹은 높고 불거진 곳에
머물지 않는 마음의 뿌리는 어디에 닿아 있고
거칠고 너절한 곳, 혹은 낮고 움푹진 곳에
머무는 마음의 뿌리는 어디에 닿았느냐
이 정갈한 방울방울이
아파 다독이는 손길 아니더냐
보듬고 함께 가야 할 발길 아니더냐
가까스로 가닿는
내 존재의 까마득한 밑바닥에서
덩그러니 웅크려 앉은 사내 하나 만난다
어디서 왔는지 알아 무엇하며
뭘 찾아왔는지 알아 무엇하리
뻘 냄새 시궁창 냄새 씻겨 난 뒤에
이 봄비 한참 더 내리다 그친 뒤에
볕살 좋은 자리 하나 내어주면 그뿐

함께 오래 앉아 젖은 몸 말리면 그뿐
봄날 이토록 다소곳이 내리는 비는
움 틔우듯, 촉 돋우듯
곰팡내 물씬한 내 존재의 밑바닥을 밀어 올리고
너절하고 움푹진 곳에서 오래 묵은 나를
거칠고 낮은 곳에서 절어 삭은 꿈을
다시금 피 돌려 꿈틀거리는
내 아직
빗물에 씻길 줄 아는 사람이었구나
살아 꿈틀대는 사람이었구나.

선생님 전 상서

이 땅의 키 작은 우리네 눈높이보다
한참을 치켜 뚫린 작업장 창문 너머로
봄비가 비스듬히 쓰러져 내립니다
허공으로 치솟은 이웃 공장 굴뚝과
뚫린 구멍 밖으로 탈출하는 못다 탄 연기
저 밑바닥의 일들을 면경 보듯 아는 우리는
더없는 풍경으로 여겨 오래도록 새깁니다
몸 깔아 기계 떠받치고
눈물 뿌려 기계 닦는 우리 뒤통수에
혀 차며 째려보는 그 눈빛이 매스꺼워
타워크레인 꼭대기에 기어오릅니다
목젖이 터지도록 울부짖습니다
선생님
개미 새끼처럼 작은 몰골 보이십니까?
모기 새끼처럼 작은 소리 들리십니까?
타서 재가 된 작은 가슴들이
짓이겨져 범벅이 된 붉은 피톨들이
삐딱하게 줄줄 흘러내립니다
근로는 거룩하고 존엄하다는데
노동은 어찌 이토록 뼈끝이 쑤십니까?

빗물만이 닦아낼 수 있는 우리들의 하늘에
빗물만이 닦아낼 수 있는 우리들의 땅 위에
흙비가 내립니다
씻고 닦아 어디로 흘러갑니까?
고여 큰 물 되면 큰 힘도 됩니까?

─권환문학제를 맞으며

사노라면

저녁 안개 설핏한 서산 언저리에
지는 해가 열받은 동전처럼 둥글다
하늘 자주 처다볼 경황도 없이
예까지 달려와
세월 참 빠르다 했더니
저렇듯
붉고 둥글게 막 굴러왔구나.

황톳물

먼 곳에서 왔으리라고 예단하지 마라
땀이 씻기고
지문이 닳고
핏물이 뒤섞여 흐르면 황톳물이다
내 살아온 언저리에서도 허다했던 일들
우리네 보통 사람이라면 경험했던 일들
처절하게 흐르는 허드렛물이다.

자맥질

언저리에
서릿발 돋고 살얼음 언 늪 한복판에
물오리 떼 연거푸 자맥질한다
꼭 내 살아온 꼬라지 닮아
일거수일투족 한참 바라본다
나도 그때는
불알 쪼그라들고
말초신경 곳곳에 고드름 맺혔었다.

푸른 작업복

세상에
일을 하고 싶어 하는 사람은 없다
타고난 처지 때문에
어떻게든 살아남기 위해
푸른 작업복 한 벌 지급받고
시키면 시키는 대로
따를 수밖에 없었다
밀면 밀리고 당기면 끌려가는
푸른 작업복을 입은 우리들을
그들은 비아냥거리며
돈만 주면 만사형통
꼭두각시 작업자라 했고
우리는 이빨 깨물며
춥고 배고픈 노동자라 불렀다.

황태 덕장

덕대에 대롱대롱 매달린 채
눈발 덮어쓰고
찬바람에 얼었다가
햇살에 녹았다가
흡사
최저임금 덕대에 밥줄 걸어 매달고
쪼글쪼글 말라가는
내 흔히 보아온 모습들 같다
비탈길 어둠 뒤꿈치에
진눈깨비라도 묻어오면
갈비뼈 깊은 골 틈새로
새벽바람 몰아치면
저 먹빛 하늘 우러러 이빨 곤추세우고
목줄 물어 끊고 추락하고픈 이 골짝에
서걱서걱 명태 언 눈알 돌아가는 소리
들린다. 바람 분다.

귀에 익은 소리

집사람이 티브이 연속극을 본다
'우리 회사 입사를 축하하고
앞으로 열심히 해봅시다'
40년 전의 얘기가 참 귀에 익다
그때도 이사라는 사람이 그렇게 말했다
그런데 어디서부터 우린 꼬인 걸까
회사는 사원을 사랑해야 하고
사원도 회사를 사랑해야 한다
당연한 원칙에서부터 우린 삐걱거렸다
기계는 고칠 수도 있고 폐기처분도 한다
제도도 고칠 수도 있고 없앨 수도 있다
그러나 사람을
고치려 해서도 안 되고 버려서도 안된다
먼저 너의 생각을 고치고 고집을 버려라
○ 이사
너는 나를 기계로 봤고
나는 너를 고철 덩어리로 봤다.

슬픈 희야

너의 이름은 희야가 아닌데
착취당한 노동력 쟁취를 위해
우리 함께 섰을 때
너의 이름은 'ㅇㅇ영'이었는데
한일합섬 개천가 쪽방에서
결혼을 약속하고 동거한다던 그 사내
잘 생각해보라며 몇 번을 말했는데
동중사거리 옆 허름한 술집에서
"희야! 손님이다"
짧은 반바지에 짙게 화장한 너
깜짝 놀란 나는 되돌아 나왔다
삼십여 년 세월 속에
도대체 무슨 일 있었던 게냐
지금쯤 오십 줄 훌쩍 넘어섰을 너는
후미진 공원에서 영감탱이들 집적거리며
담배 꼬나물고 이리저리 나뒹구는구나
그 야무진 눈매는 어디로 가고
그 냉철한 분노는 어디로 가고
미어지는 가슴 주체할 수가 없구나
분명 나를 알 텐데

나를 알 텐데
모른 척 외면하는
슬픈 희야.

등나무 밑에서 겨울을 본다

밑동에서부터 오지게 꼬아 올린
저 몸통 좀 봐라
옆구리 서로 기대고
손에 손잡고
다리에 다리 걸친
저 가지들 좀 봐라
세파의 엉성한 지지대 위에서
그토록
검푸른 잎들을 피워올렸더란 말인가
그토록
숱한 등불을 밝혔더란 말인가
치켜 오르지 않고
처져 내리지 않는
저 야무진 어울림이
찬바람 갈가리 찢어발기는구나
진눈깨비 꿋꿋이 견뎌내는구나.

1+1

사방을 둘러보고
온몸을 들춰봐도
나 혼자인데
1+1=2란다
나에게 뭘 더하면 둘이 될까
온갖 것 대입해봐도
둘이 되지 않는
나 혼자인데
1-1=0 !
확실한 건 이것뿐인데.

제3부

마지막 연서

행여
마주치더라도
모른 척 지나치거라
혹여
너를 부르더라도
아닌 척 돌아보지 말거라
정이란 것이
무 자르듯 싹둑 잘리지 않는 것이고
짓뭉갠들 얇아지지 않는 것이라
검고 탁한 먹물 게워내면서
벼루에 먹 갈리듯이
시나브로 닳는 것이 정인지라
나도 이젠
마당비 같은 붓 들고
마당 쓸듯 싹싹 쓸어내면서
먹물 찍어 가슴속에 황칠하면서
너를 잊으련다
○○야!

편지 한 장 받다

낮게
엎드려 흐르는 물이 모아 올린 논둑길 따라
니 인마 흑백사진처럼 찾아와 봐라
이슬 비껴난 풀 끝 아침 촉촉이 영글고
두어 뼘 도랑물 속에도 열린 하늘 한눈에 보인다
니 인마 눈곱 낀 눈 껌벅 감았다 뜨면
칠순 넘은 이 땅의 사람 세상 밀고 가는 것 보이고
그 짐짝 잘 썩은 거름더미인 것 한눈에 안다
허구한 날 속았다, 지랄 같다, 씩씩거리지 말고
니 인마 오금만 펴이면 곧장 와봐라
니한테 끌려올 무엇 그곳 어디에 있더냐
질질 흘려놓는 칠칠찮은 짓 말고
밀고 가다 벅차면 덜고 가는 맛 알아야지
니 인마 옷 털지 말고 발 닦지 말고 와봐라
산 넘고 물 건너보면 니놈이 산이고 물임을 안다
맨살 위에 흙 바르고 햇살 칭칭 휘감으면
영락없이 부처 되는 것 한눈에 안다.
 - 지리산 비탈에서 썩돌 같은 놈이 -

덩굴장미 터널을 지나며

아파트 단지 동문 쪽에
덩굴장미 터널 있다
젊은 부부 꼬마와 함께
꽃구경한다
무척 예쁘고 아름답단다
붉게 어우러져 핀 장미꽃 송이들
내 눈엔
장미보다 젊음이 훨씬 더 아름답다
젊디젊은 가족이 꽃보다 더 예쁘다
나는 지금
덩굴장미 터널 지나
병원에 간다
해묵어 여기저기 아픈 곳 많고
붉은 꽃송이 날카로운 가시를 보면
녹색 수술복 같은 줄기와 잎을 보면
수술실 핏물이 먼저 떠오른다
오래 닳아 무뎌진 눈초리 탓일까
세파에 얇아진 가슴앓이 탓일까
주사 맞고 약봉지 들고 돌아올 때는
그림자 짐짝처럼 질질 끌고 올 때는

이 터널 지나오지 않을 것이다
고운 꽃 곱게 못 볼 아픔 때문에
먼 길로 둘러 절룩거리며 올 것이다.

벙어리장갑을 끼다

딸아이가
벙어리장갑 한 켤레 사주었다
껴보니 따뜻하다
내 살로 내 살을 느껴보는 온기
참으로 보드랍고 따사롭다
나는 지금껏
건성건성 말 건네고 지나친 적 많았고
데면데면 악수하고 지나친 적 많았고
손가락질하며 비아냥거린 적도 있었을 게다
벙어리장갑을 끼고 공원 벤치에 앉아
이름 모를 새를 손가락질해봐도
정답게 다가오라는 손짓이 되고
잔망스런 낙엽 손가락질해봐도
그냥 한 잎 애잔한 낙엽이 된다
올겨울에는
몹쓸 지적질도 정겨운 손짓이 되는
내 몸 전부가 벙어리장갑 되어
언제 어디서든
척 –
엄지손가락 하나만 치켜세우련다.

사랑, 참 쉽다

한 여인을 사랑하는데
내 아무것도 바라는 것 없고
줄 것이라고도 마음밖에 없는데
그냥 사랑만 주면 되는데
사랑, 그것
참 쉽다.

입동立冬 무렵

햇살이 꼬리를 바짝 잘랐다
나무들 잎 떨궈 몸을 줄였다
올해도 어느덧 갈무리하려 한다
그런데 나는
무엇을 덜었고
무엇을 솎았고
무엇으로
살아남아 얼어붙을꼬.

이팝나무꽃 길을 걸으며

실바람 불고
이팝나무꽃 하염없이 지고
낯선 거리 혼자 걷는다
누가 나더러
말 걸어줄 사람 없고
대답해줄 일 없는 이 길에서
꽃비는
고독 언저리에 흩뿌려지고
고독의 비늘을 털어내는 나는
비늘이 꽃잎임을 알게 되는 나는
비로소
아름답게 고독한 법을 배우게 된다
숱한 이팝나무꽃 속에
꽃 무리 틈새가 고독인 것을 알고
꽃이 에두른 길이 내 갈 길인 것을 알고.

지남철

숱한 인연 중에
기어이 보듬어야 할 인연이 있고
악착스레 떨쳐야 할 인연이 있다
세상사 속속들이 알 수 없기에
어지러운 연줄 간추리면서
지남철처럼
낯익은 것을 경계하고
낯선 것을 그리워하는
나의 글짓기.

어처구니없다

시인이
자기가 쓴 시를
따라잡지 못한다
맷돌의 어처구니는
깎아 박으면 된다
처마 끝의 어처구니도
빚어 올리면 된다
말과 짓의 어처구니는
깎지도 빚지도 못하고
맨주먹으로 헛헛하게
가슴팍만 치는
맨주먹이 어처구니고
가슴팍이 맷돌이요 처마 끝이다
걸쭉한 흙탕물 흘러내린다.

여 보

평탄한 고갯길이 있기나 하겠소
돌부리 디딤돌 삼아
오롯이 잎만 지고 잔가지 상하지 않는
길 따라 오릅시다
산마루 주름살 깊은 바위에 걸터앉아
곱게 물드는 잎들을 보고
바람결에 흩날리는 낙엽을 보고
켜켜이 쟁여지는 아픔도 느낍시다
노을에 밀려 집을 찾는 사람들
노을을 끌고 집을 찾는 사람들
옷자락 잡고 따라오는 어둠에
서둘러 불 밝히는 모습도 봅시다
사람의 밤은
한 올 한 올 길쌈하듯 더디게 흐르고
세월 속의 밤은
눈 감았다 뜨면 어느덧 아침인데
밝은 듯 어둡고 어두운 듯 밝은 것이
세상살이인 것을
당찮은 일이오
어둠은 가슴속 그늘일진대

오죽하면
전등불로 밝혀 보리라 불 켜는 모습들이
지금 우리는
마음속 불씨 되살려 불 밝혀야 하는
한창 어둡고 슬픈 계절 속에 섰다오
그러기에 나더러
왜 시를 쓰느냐고 탓하지 마소
계절은 저저마다 숨이 가쁘고
그 숨결에 기댄 나는
펄럭거리며 예까지 왔소
당신도 그렇게 가야만 할 길이고요.

잡동사니 시인들에게 무명 시인이

시詩랍시고
돼먹잖은 글 몇 줄 써놓고
건방, 공갈, 회유, 협박 –
온갖 추잡한 것들 다 동원하여
시를 빌미로 농락하고 까불대는
늙었거나 젊은 잡동사니 시인들아
자기 시를 자신이 따라잡으려면
시를
어떻게 쓰느냐보다는
왜 쓰느냐가 훨씬 중요하다.

찔레꽃

개여울 귀퉁이에
떠밀려 온 풀덤불 속에
찔레꽃 송이송이 피어올랐다
기겁하여 하얗게 뜬 꽃송이들
숨죽여 움츠린 작은 이파리들
온몸 가득 가시 세워 기어드는 줄기들
땅심 얇아 풀덤불 헤집는 모진 뿌리들
아무렴
매서운 세파에 무덤덤할 것은 없다
척박한 깽변에 내팽개쳐진 찔레꽃
아파서 열 오르고 한기 들면서도
기어이 매달고픈 열매 아니더냐
열매 한 알에 설움 한 동이
맞바꾼 살림살이 아니더냐
경계하고 앙버티고 잘 헤아리거라
세찬 물살 거친 비바람 잘 견디거라
뿌리에 뿌리를 옭아 야무지게 붙들고
가시에 가시를 걸어 꽉 끌어안거라
열매 붉게 다 익을 때까지
모질게 모질게.

노을을 등지다

지는 해 산마루 넘어설 즈음
노을 등지고 산을 내려온다
내 가야 할 곳으로 갈 뿐인데
삐딱한 빗금으로 밀어붙이는 어둠이다
허겁지겁 사람 사는 길 위에 선 나는
진창에 찍힌 발자국들을 보고
검고 탁한 악다구니들을 듣고
빈손으로 옷자락 털며
셔터 문 내리는 사람들을 본다
쓰라리게 드리워지는 어둠 그림자다
그림자는 어둠 속에서 더 빛난다
내 등짝에 묻어왔을 법한
노을빛 한 줄기 더듬어본다
없다 -
끈적한 땀방울 등짝 타 내린다
빛도 어둠 속에서는 간이 밴 물이다
빛과 어둠이 맞물린 경계선
그곳을 지나온 나는 마냥 숨차다
하룻낮은 어둠 속에 곤죽만 쏟아붓고
하룻밤은 곤죽 위에 개꿈만 흩뿌릴 게다

의아스레 묻는 이에게
노을 끄트머리엔
가늘고 구부러진 빗금 하나뿐이고
검붉은 아가리가 빛을 베어먹더라고
내일도 그 짓거리를 반복할 거라 말하고
삶과 죽음, 희망과 절망, 만남과 헤어짐 따위
세상사 속 상반된 경계선상의 모두가
빗금 하나로 단절됨을 절절히 느끼며
지치고 허기진 밤 귀퉁이 당겨 덮고
가뭄 타는 풋고추처럼 꼬부라져 눕는다.

최 노인

철둑 가 골목 첫 집
외짝 대문 열어놓고
최 노인
축담에 걸터앉아 뭔가를 씻고 있다
넌지시 들여다보니
검정 고무 털신이다
할망구 세상 뜨기 전에 신던 것이라며
저세상에서 발이라도 따듯하게 지내란다
저세상이란 것이 있긴 있는 모양이고
털신 신을 계절 또한 있는 모양이다
이 집 할매 세상 뜬 지 벌써 삼 년인데
씻어 말리고 문질러 말리고
검정 고무 군데군데 삭아 금 가고
최 노인 검버섯처럼 드문드문 털 빠졌다
이승의 그리움 저승의 노을이 되고
이승의 외로움 저승의 뜬구름 되는
가을 다 저문 최 노인 해거름 녘은
쪽마루 위 낡은 전기밥솥
푹푹 한숨 내뿜는 소리뿐
또 하루해 넘어간다
소슬바람 분다.

단 추

세파는 나를
자주 매달고 가두었다
외투에 단추를 단다
숨구멍에 바늘 꽂고
한 땀씩 숨통 틀어막는다
너도 내 몸을
가차 없이 가둘 것이다
우린 서로를
옥죄고 풀면서
세상을 견뎌내면서
서로를 용서하고
아프게 남을 것이다.

낙엽 소묘

푸르른 영혼
탈색시켜 놓고
뱅그르르
맴돌려 바닥에 뉘고
요모조모 들추어
바짝 말린다
짓밟혀
살가죽 찢기겠지
뼈마디 으스러지겠지
그러고도 모르는 척
지나치겠지
햇살 좋고 풍성한 계절의
한낱
해묵은 비늘이란 듯이.

고갯길

오르막과 내리막
돌부리와 구덩이
고갯길은 늘
위태롭고 힘겹다
그러나 나로 하여금
앞으로 나갈 수 있는
길이 되어준다
언제라도 반기며
나를 걷게 한다.

눈물

부산 영화의 전당에서 상영 중인
영화 티켓을 아들이 건네주었다
영화 '동주'
처음부터 끝까지
흑백 화면 줄줄 눈물만 흘렸다
별빛처럼 맑은 영혼을 가진 문인을
빼닮고 싶어서
내 가슴 전부를 씻어내고 싶었다
나라 잃은 백성이
되찾겠다는 것이 죄인가 아닌 것이 죄인가
놈들은 몇 번이고 문명文明을 떠들어댄다
그 어떤 억압과 고문으로도
사상思想은 놈들도 어찌할 수 없는 것
문명은 힘이 아닌 사상 속에 존재한다
무식한 놈들의 횡포를 보며
그 시대에 시詩를 썼다면 어떤 시를 썼을까
이 시대를 살아가는 나의 시는 또 어떤가
윤동주의 펜과 송몽규의 총
두 문인의 분노는
나의 끝없는 눈물은

밤 수영강물처럼 검게 흐르다가
짠 바닷물에 스스럼없이 몸 섞는다
나의 문학도
저토록 당당하고 거침없을 수 있을까
저토록 찬란한 분노를 함께할 수 있을까
나는
좌절하고, 겁먹고, 머뭇거린다
이 역겨운 비굴함을 지우는 방법은
시대를 송두리째 끌어안는 것
내 하고픈 얘기 당당히 하는 것
오로지 내가 사랑하는
시詩로서, 시로써.

달무리 지다

그때
모래내 샛강 둑길
어둑살 사타구니 사이로
까까머리 디밀며 찾아들던 충주집
미닫이 안방의 불그죽죽한 안주로
강소주 잔 기울이던 미닫이 밖의 풋정은
내 또래 정순이 고년
헝클린 매무새로
미닫이 밀치고 나오며
스커트 걷어 올리며
주방 바닥 하수구에 앉아
내갈기던 오줌발 소리
아직껏 탱탱하게 번져 얼룩진
까 내린 엉덩짝
그 오줌발 소리.

바람 따라

꽃잎에게
아니라고, 가지 말라고
아무리 말려도 바람 따라갔다
뜻대로 살수록 밑진다고 하지만 말고
뜻대로 살 수 없는 세상이라 하지만 말고
뜻대로 고집스레 살아볼 필요도 있다
이나저나 헛헛하게 가슴 칠 일이라면
뜻대로 사는 게 훨씬 의미 깊더라.

봄

내겐
너무 무겁다
꽃, 잎, 벌, 나비
그리고 이따금 빗줄기까지
봄비 속에서는
아련한 추억마저 짐이 된다
무게를 감당하는 법
알맞게 들어내는 법
봄 속에서 하나씩 배우며
꺼풀 보내고 촉을 붙들며
나는 거듭날 만큼의 무게로
적당히 빈다.

트로이의 목마

목마는 울지 못한다
걷지도 못한다
여물을 씹어 삼키지도 못한다
전혀 쓸모없다
그러나
성안으로 목마를 끌어들였고
성벽은 무너졌다
재앙을 알고도 모른 척한 것들
눈치 보며 덩달아 우쭐대던 것들
가소로워라
땔감으로 쓸 수밖에 없는
목마 한 마리
그 추잡한 꼬라지
더러운 탐욕.

쇠똥구리

오래전에 본
쇠똥구리는 쇠똥을 잘 굴렸다
똥 속에 알을 낳고 애벌레도 키운다
오래전에 본
괜찮은 시를 쓰는 시인이 있었다
결국 기대감에 보답은커녕
똥 칠갑 된 시인이 되고 말았다
쇠똥만 잘 구른다고 쇠똥구리는 아니다
시만 잘 쓴다고 시인이 아니다
쇠똥구리 애벌레는 똥 속에서 잘 자라고
시도 시인의 가슴속에 살아 있어야 한다
시인의 행동거지가 바로 시다.

허새비

일손 모자란 농부는
막대기 묶어세우고
옷 입히고 모자도 씌우고
그럴싸하게 사람처럼 치장을 시켰다
그러나 젠장
모자 위에 어깻죽지에 참새떼 몰려 앉아
진종일 야단스레 쫑알거리며
오르락내리락 먹고 싸고 논다
사람 닮았다고 다 사람이 아닌 것을
새떼도 안다.

비아냥거려본다

아무리
돈과 권력이 좋기로서니
이현령비현령이라는 법法일지언정
법의 좌우에는
정의正義와 도의道義가 버티고 섰는데
적어도
불의不義 앞에서
침묵沈默하는 지성知性은 쓰레기다
호도糊塗하는 지성은 시궁창이다
대변代辯하는 지성은 똥 덩어리다
언제 어디서든
참다운 지성은
정의롭고 냉철하고 용감하거든.

초롱꽃

이제
내걸래야 더는 내걸 자리가 없다
사랑한다는 말 한마디 해본 적 없어
니가 내 맘 알 리 없고
눈길 한번 제대로 맞춘 적 없어
나도 니 맘 알 수 없다
길을 몰라 못 오는 것이 아니라
올 수 없어 안 오는 것을
모르느냐 바보야
가슴속 수십만 개 초롱만 품고
그리움 시나브로 촛농처럼 녹아
기어이 타버린 숯덩이만 남았다
그래도
기다리고 기다리며 또 기다려야만 할
이 빙충이 같은 사랑아.

그늘 속의 그늘
안웅 시집

펴낸날　　2020년 1월 31일

지은이　　안　웅
펴낸이　　오 하 룡
펴낸곳　　도서출판 경남

주소　　　창원시 마산합포구 몽고정길 2-1
연락처　　(055)245-8818, fax.(055)223-4343
블로그　　gnbook.tistory.com
이메일　　gnbook@empas.com
등록　　　제1985-100001호(1985. 5. 6.)
편집팀　　오태민 | 심경애 | 구도희

ISBN　　　979-11-89731-42-7-03810

ⓒ안웅

* 잘못된 책은 바꿔 드립니다.
* 저자와 협의 인지 생략합니다.
* 이 도서의 국립중앙도서관 출판예정도서목록(CIP)은 서지정보유통지원시스템 홈페이지 (http://seoji.nl.go.kr)와 국가자료종합목록 구축시스템(http://kolis-net.nl.go.kr)에서 이용하실 수 있습니다.(CIP제어번호 : CIP2020001570)

〔값 10,000원〕